HAYLEY WICKENHEISER

Lorna Schultz Nicholson

Illustrations de D. A. Bishop

Texte français du Groupe Syntagme

SCHOLASTIC

Mille mercis à Hayley pour tout ce qu'elle a fait afin de montrer ce dont les filles et les femmes sont capables. Elle est vraiment un modèle à suivre! — *L. S. N.*

Les données de catalogage avant publication sont disponibles.

Photos © : couverture : Bruce Bennett/Getty Images; arrière-plan de la couverture : Nik Merkulov/Shutterstock; 5 : Andrew Francis Wallace/Toronto Star/Getty Images; 11 : Hockey Canada Images; 28 : Lutz Bongarts/Getty Images; 35 : Bernard Weil/Toronto Star/Getty Images; 37 : Peter Power/Toronto Star/Getty Images; 50 : Brian Bahr/Getty Images; 54 : Christopher Morris/Corbis/Getty Images; 62 : gracieuseté de Hayley Wickenheiser et Dave Holland; 64 : Mikki Adams.

Toutes les autres photographies sont une gracieuseté de Hayley Wickenheiser.

Édition publiée par les Éditions Scholastic, 604, rue King Ouest, Toronto (Ontario) M5V 1E1 Canada.

5 4 3 2 1   Imprimé en Malaisie 108   20 21 22 23 24

TABLE DES MATIÈRES

LA MEILLEURE AU MONDE

Après avoir joué dans l'équipe nationale de hockey du Canada pendant 23 ans, Hayley Wickenheiser a décidé d'accrocher ses patins. Le 14 janvier 2017, lors d'une cérémonie au tout nouvel aréna Rogers Place d'Edmonton, juste avant un match entre les Oilers et les Flames de Calgary, elle s'est adressée à une foule de plus de 18 000 partisans. Hayley a joué 276 parties avec Équipe Canada et a accumulé 379 points, dont 168 buts. Elle a gagné plus d'une fois le trophée de la joueuse la plus utile lors d'un tournoi des Jeux olympiques ainsi que cinq médailles olympiques et six médailles d'or aux Championnats du monde. Elle a été décorée de l'Ordre du Canada et a même donné son nom à un aréna. Pourtant, ce dont elle est le plus fière, c'est d'avoir permis aux filles de se sentir enfin acceptées sur les patinoires de hockey. Hayley est heureuse de savoir qu'aujourd'hui, les filles peuvent « aller à l'aréna avec leur sac et leur bâton, et se sentir les bienvenues ».

La cérémonie marquant la retraite de Hayley en tant qu'athlète était une première. En général, on ne mélange pas le hockey féminin et la Ligue nationale de hockey (LNH), mais l'incroyable carrière de Hayley justifiait autant d'attention. Avec sa détermination à toute épreuve, sa combativité et son franc-parler, Hayley a prouvé que les filles peuvent être des hockeyeuses d'élite. La légende du hockey Wayne Gretzky a dit quelques mots à Hayley, ce soir-là : « Tu as changé les choses pour beaucoup de gens. Tu as ouvert tellement de portes à tant de jeunes filles. Grâce à toi, un jour, elles auront la possibilité de gagner une médaille d'or. » Puis il a ajouté : « Tu es la Gordie Howe des femmes! »

Hayley a eu du mal à faire sa place dans le monde du hockey. Pour bien des gens, il était impensable qu'une fille sache patiner, faire des passes, compter des buts, réussir des jeux spectaculaires et, parfois même, surpasser les garçons. Mais, au fil des ans, elle a changé cette perception. Bravo, Hayley!

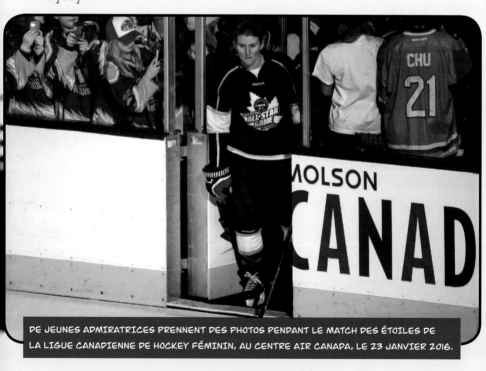

DE JEUNES ADMIRATRICES PRENNENT DES PHOTOS PENDANT LE MATCH DES ÉTOILES DE LA LIGUE CANADIENNE DE HOCKEY FÉMININ, AU CENTRE AIR CANADA, LE 23 JANVIER 2016.

LES DÉBUTS

VOICI HAYLEY SUR SA PREMIÈRE CARTE DE HOCKEY, DANS SES CULOTTES UN PEU TROP GRANDES, PRÊTE À S'ÉLANCER.

C'est à Shaunavon, en Saskatchewan, que la petite Hayley Wickenheiser lace ses patins pour la première fois. Dans cette région du Canada, le paysage est plat et les hivers sont froids. Ce sont les conditions idéales pour patiner et jouer au hockey en plein air. C'est sur la patinoire que son père a aménagée dans la cour arrière que Hayley apprend à patiner. Il a construit la bande avec du bois de construction et, à l'aide d'un tuyau d'arrosage, il a passé des heures à faire une glace parfaite. Tous les enfants du voisinage s'y rassemblent pour disputer des parties de hockey improvisées, et Hayley, âgée de six ans, adore se joindre à eux. Elle joue jusqu'à ce que ses orteils soient gelés. Le hockey coule dans ses veines. Il y a d'ailleurs un autre athlète dans la famille : le cousin de Hayley, Doug Wickenheiser, qui a joué dans la LNH.

UNE FILLE PARMI LES GARÇONS

En 1985, âgée de sept ans, Hayley veut jouer au hockey mineur comme ses amis du quartier. Mais à Shaunavon, une ville de seulement 2 100 habitants, il n'y a pas beaucoup d'équipes de hockey mineur, et pas une seule équipe féminine. Dans les années 1980, le hockey féminin est loin d'être un sport populaire dans les Prairies. En fait, il est quasiment inexistant, surtout dans les petites villes. Mais Hayley sait qu'elle veut jouer au hockey, et si ça doit être dans une équipe de garçons, alors elle jouera dans une équipe de garçons. Et c'est exactement ce qu'elle fait.

Personne ne s'attend à grand-chose de « la fille » de l'équipe, mais on comprend très vite que Hayley a l'instinct du hockey. Elle sait patiner et tirer au but, et fait souvent de meilleurs jeux que les garçons de son équipe. Elle a un talent naturel, mais elle s'entraîne aussi beaucoup, dans sa cour, à tirer au but et à patiner à reculons ou en croisant les jambes. Une fois, son père s'est réveillé au milieu de la nuit et a vu Hayley dehors, s'exerçant à lancer au but dans le noir! Tous ces efforts supplémentaires l'aident à maîtriser les tirs à bout portant et à développer ses talents de patineuse, déjà considérables.

HAYLEY, NEUF ANS, ET SON FRÈRE ROSS, SEPT ANS, JOUENT UNE PARTIE DE HOCKEY AMICALE DANS LEUR COUR, À SHAUNAVON, EN SASKATCHEWAN.

Chaque automne, quand vient le temps des inscriptions au hockey, les parents de Hayley demandent à leur fille si elle veut encore jouer dans l'équipe des garçons, et elle répond toujours oui. Hayley adore jouer au hockey, même si elle est la seule fille. Les garçons de son équipe l'acceptent et aiment jouer avec elle. Après tout, elle les aide à gagner! Mais ça ne fait pas l'affaire de tout le monde qu'une fille joue au hockey avec des garçons.

Lorsque Hayley a neuf ans, elle veut participer à un camp d'été de hockey à Swift Current, mais les responsables refusent parce qu'elle est une fille. Sa mère trouve cela injuste et fait des pieds et des mains pour que Hayley ait le droit d'y participer. Elle menace même de se plaindre à la Commission des droits de la personne de la Saskatchewan. On accepte donc Hayley à contrecœur, mais à la fin du camp, l'un des organisateurs lui dit : « Tu sais, Hayley, tu ne seras jamais une joueuse de hockey. » Hayley est furieuse… et se promet de lui prouver qu'il a tort.

Quand Hayley commence à jouer au hockey dans l'équipe des garçons, il n'y a pas de vestiaire pour les filles. Elle doit enfiler son équipement à la maison et arriver toute prête à l'aréna. Les gens croient qu'elle va abandonner, mais elle persévère. Chaque fois que son équipe part disputer un match dans une autre ville, il faut trouver un coin où Hayley pourra se changer. Si elle a un peu de chance, on lui permet d'utiliser le vestiaire des arbitres. Mais la plupart du temps, elle doit aller dans les toilettes publiques, ce qui est assez gênant. Les filles qui entrent dans les toilettes se moquent d'elle, et les mères des garçons de l'équipe adverse font des commentaires méchants. Une fois, comme les toilettes pour femmes étaient en rénovation, Hayley a dû aller se changer dans une petite pièce improvisée faite en contreplaqué et située dans le hall d'entrée de l'aréna, au vu et au su de tous. Quelle humiliation!

Après s'être habillée toute seule dans son coin, loin de ses coéquipiers, Hayley doit se rendre jusqu'à la glace. En chemin, elle croise souvent les parents des joueurs de l'équipe adverse. Elle tente de cacher ses cheveux sous son casque, mais ils savent presque tous qu'elle est une fille. Parfois, on lui dit qu'elle n'a pas sa place dans ce sport. Certains parents n'aiment pas que Hayley joue au hockey simplement parce qu'elle est meilleure que leurs fils.

UNE ÉQUIPE FAITE POUR ELLE

En mars 1990, alors qu'elle est âgée de 11 ans, Hayley fait une découverte extraordinaire. Pour la première fois, elle voit une équipe de hockey composée uniquement de femmes… à la télévision! Le tout premier match du Championnat du monde de hockey féminin de la Fédération internationale de hockey sur glace, la FIHG, est disputé à Ottawa, en Ontario. Il est télédiffusé partout au Canada. Les joueuses canadiennes portent des chandails roses et des culottes blanches, et elles jouent comme des pros. Elles déjouent la gardienne de but adverse et marquent dans les coins supérieurs du filet. Hayley n'a jamais vu du hockey comme ça. Elle ne manque pas une seconde des matchs télévisés de l'équipe canadienne.

Avant de voir jouer des filles, Hayley avait pour héros Wayne Gretzky et Mark Messier. Maintenant, ses héroïnes s'appellent France St-Louis et Geraldine Heaney! Quand le Canada gagne la médaille d'or à l'issue d'un match intense contre l'équipe des États-Unis, Hayley décide qu'elle fera un jour partie d'une équipe de filles et qu'elle gagnera, elle aussi, une médaille d'or.

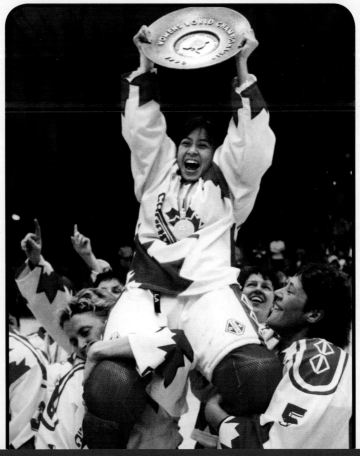

SUSIE YUEN ET SON ÉQUIPE VIENNENT DE REMPORTER L'OR AU CHAMPIONNAT DU MONDE DE HOCKEY FÉMININ DE LA FIHG, À OTTAWA, EN ONTARIO.

HAYLEY, 12 ANS, PORTE LE CHANDAIL DES BLACKFOOT COUGARS.

L'été de ses 12 ans, Hayley et sa famille déménagent à Calgary, en Alberta. Hayley en est à sa deuxième année au niveau pee-wee, et les garçons sont de plus en plus grands et costauds. Mais Calgary est une grande ville et il y a suffisamment de joueuses pour former des équipes de filles. Alors, pour la première fois de sa vie, Hayley tente d'intégrer une équipe de hockey entièrement féminine, les Blackfoot Cougars. Et elle se montre tout à fait à la hauteur! Au début, c'est étrange pour elle de jouer avec des filles. Elle peut enfin se changer dans le même vestiaire que ses coéquipières, avec qui elle en profite pour bavarder et faire des blagues. Mais il y a toujours deux côtés à une médaille, et Hayley remarque certaines choses qui lui déplaisent. Par exemple, quand les garçons avaient un différend, ils le réglaient parfois avec leurs poings, mais redevenaient amis une fois le problème résolu. Chez les filles, c'est différent : une petite dispute dure parfois des semaines! Hayley s'ennuie aussi des jeux plus robustes et des tirs plus vigoureux des garçons.

Cette saison-là, elle apprend qu'il y aura, pour la première fois, du hockey féminin aux Jeux du Canada de 1991… et que l'Alberta sera représentée! Les Jeux d'hiver du Canada se dérouleront à l'Île-du-Prince-Édouard du 17 février au 2 mars, et rassembleront des athlètes de 18 ans et moins. Tout le monde pense que Hayley est trop jeune pour faire partie de l'équipe. À ce niveau-là, le jeu est très différent de celui qu'elle connaît. Les joueuses sont plus adroites, plus âgées et, surtout, leurs jeux sont plus complexes. Le défi est énorme, mais Hayley n'a pas froid aux yeux. Elle veut tenter sa chance.

LES JEUX DU CANADA

En février, Hayley se rend à l'Île-du-Prince-Édouard en avion et enfile fièrement le chandail de l'équipe de l'Alberta. À 12 ans, elle est la plus jeune joueuse de son équipe. Certaines de ses coéquipières ont 17 ans et vont à l'école secondaire. Hayley a surmonté sa gêne à l'idée de se changer devant les autres filles plus âgées. Au fond, cela n'a aucune importance. Elle fait partie de l'équipe, et celle-ci s'en tire très bien!

L'équipe de l'Alberta se rend en finale et dispute la médaille d'or à la Colombie-Britannique. Avant le début du match, Hayley ne tient plus en place. Les membres de sa famille sont dans les gradins, brandissant des affiches qu'ils ont fabriquées. Mais dès qu'elle pose un patin sur la glace, Hayley ne pense plus qu'au jeu. Elle monte rapidement au filet et saisit toutes les occasions de marquer. Elle prend par surprise la gardienne de l'équipe de la Colombie-Britannique en lançant tout juste au-dessus de son bloqueur, et compte un but! Hayley lève les bras dans les airs : elle vient de marquer le but gagnant!

À la fin de la partie, les deux équipes se mettent en rang pour la remise des médailles. Hayley est fière de recevoir la médaille d'or. Puis l'annonceur dit son nom. Elle vient d'être nommée joueuse la plus utile dans le match pour la médaille d'or!

Hayley est tout sourire quand elle retourne au vestiaire. Mais son sourire disparaît rapidement. Le gérant de l'équipe lui annonce qu'elle doit passer un test de dépistage de produits dopants. Quoi? Hayley n'en revient pas : elle n'a que 12 ans! Mais les officiels lui remettent une bouteille de plastique, dans laquelle elle doit uriner. Stupéfaite, Hayley va dans une cabine de toilette. Elle a déjà passé ce type de test, mais c'était dans le cabinet du médecin et sa mère était présente. D'ailleurs, elle aimerait bien que sa mère soit là, à cet instant. Ce n'est pas très agréable, tout ça.

HAYLEY PASSE DE BONS MOMENTS SUR LA GLACE AVEC SA MÈRE (À DROITE) ET LE PÈRE D'UNE COÉQUIPIÈRE (À GAUCHE) APRÈS AVOIR DÉCROCHÉ L'OR AVEC L'ÉQUIPE DE L'ALBERTA.

DE RETOUR CHEZ LES GARÇONS

Après les Jeux d'hiver du Canada, Hayley termine une saison fabuleuse au niveau pee-wee avec les Blackfoot Cougars. L'équipe gagne la médaille d'or au hockey féminin dans la division de Calgary. Ensuite, plutôt que de commencer au niveau bantam de façon régulière, Hayley décide de tenter sa chance avec les Bruins, une équipe de la ligue bantam AAA du programme de hockey d'élite pour garçons du nord-ouest de Calgary. Elle veut apprendre et s'améliorer en jouant un jeu plus physique, plus robuste. Quand Hayley arrive sur la glace pour les évaluations, elle sait qu'elle doit se démarquer : plusieurs garçons veulent eux aussi faire partie de l'équipe à tout prix. Elle dissimule ses cheveux sous son casque et fait semblant d'être un des leurs.

Hayley donne le meilleur d'elle-même, encaisse plus d'un coup… et elle est repêchée! Dès le début de la saison, certains garçons des autres équipes cherchent à lui faire regretter sa décision. Parfois, ils lèvent le bâton et lui assènent un coup bien franc sur le casque. Ces bâtons élevés leur valent quelques minutes de pénalité. Heureusement, Hayley est bien protégée par son équipe. Avant chaque match, l'entraîneur informe la jeune fille des joueurs dont elle doit se méfier. Mais il ne peut rien faire contre les parents des autres joueurs qui s'en prennent à elle à coups d'insultes plutôt que de bâton. Hayley apprend à les ignorer. Elle a des choses bien plus intéressantes et importantes à faire.

En juillet 1992, on annonce que, pour la toute première fois, il y aura du hockey féminin aux Jeux olympiques d'hiver de Nagano, au Japon, qui se tiendront en 1998. Hayley saute de joie. Du hockey féminin aux Olympiques! Elle se fixe alors un nouveau but : faire partie de l'équipe olympique! À ce moment-là, elle n'a que 14 ans. Elle a encore de nombreuses nuits pour y rêver.

UN REVERS DIFFICILE

Devenue trop âgée pour jouer au niveau bantam, Hayley veut intégrer une équipe de la ligue midget AAA du nord-ouest de Calgary. Toutefois, ce ne sera pas facile. Les garçons qui tentent leur chance à ce niveau sont maintenant de grands adolescents. La compétition est féroce, et plusieurs d'entre eux ne connaîtront pas de succès. Mais Hayley, qui maîtrise le lancer du poignet, excelle sur la glace et est repêchée.

La saison commence et Hayley joue 10 parties. Puis un jour, alors que l'équipe revient d'un tournoi disputé à Medicine Hat et que Hayley sort son sac de l'autobus, l'entraîneur lui demande de se rendre à son bureau. C'est là qu'il lui annonce qu'elle ne fait plus partie de l'équipe. Hayley est bouleversée. Elle a pourtant mérité sa place! Qu'est-ce qui s'est passé? L'entraîneur admet qu'il ne sait tout simplement pas comment gérer le fait d'avoir une fille dans l'équipe. C'est trop stressant pour lui.

Hayley va rejoindre sa mère à l'extérieur. Elle s'assoit dans la voiture, le regard fixe. « Je viens de me faire retrancher », annonce-t-elle. Sa mère est renversée. Devront-elles toujours se battre pour que Hayley puisse jouer au hockey? Elles se rendent chez le coordonnateur de l'équipe pour discuter de la situation. Hayley, restée dans l'auto, regarde sa mère s'avancer bravement vers la porte. Elle frappe longtemps avant que la porte s'ouvre, mais le coordonnateur ne veut pas changer d'idée, ni même en discuter. On envoie à Hayley les documents confirmant qu'elle n'a plus d'équipe. Il ne lui reste plus qu'à s'en chercher une autre.

Hayley n'est pas du genre à abandonner. Elle rejoint les rangs d'une équipe féminine de hockey senior de Calgary. À nouveau, elle se retrouve dans le même vestiaire que le reste de l'équipe. Mais cette fois-ci, c'est différent. Bien des joueuses sont des adultes qui ont un emploi à temps plein, et pour elles, le hockey, c'est sérieux. Hayley n'est qu'une adolescente qui fréquente l'école secondaire. Elle a déjà vu quelques-unes de ces joueuses à la télévision, dans leur fameux uniforme rose et blanc, durant le Championnat du monde de 1990. Elle les admire. Hayley découvre soudainement un tout nouveau monde rempli de défis. Elle acquiert vite de la maturité. Elle comprend l'importance du professionnalisme, de la force de caractère et du travail d'équipe. C'est alors qu'une occasion rêvée s'offre à elle : on l'invite au camp d'essai de l'équipe nationale canadienne. Hayley, 15 ans, a été repérée par un dépisteur de talents de Hockey Canada.

En janvier 1994, Hayley rejoint l'équipe féminine canadienne. Le Championnat du monde de hockey féminin de la FIHG doit avoir lieu au mois d'avril, à Lake Placid, dans l'État de New York. Elle n'a pas beaucoup de temps pour apprendre à maîtriser un jeu assez différent de celui qu'elle pratiquait jusque-là. Les contacts sont interdits et le jeu est vraiment très rapide. Hayley met les bouchées doubles pour être à la hauteur. Les mises en échec avec le bâton sont essentielles au hockey féminin, et Hayley constate que ses adversaires lui enlèvent facilement la rondelle. Elle apprend donc rapidement diverses techniques pour protéger le disque.

Trois mois plus tard, Hayley participe à son premier Championnat du monde, à Lake Placid. À 15 ans, elle est la joueuse la plus jeune de l'équipe. La grande vedette, France St-Louis, a 20 ans de plus qu'elle. Pendant le tournoi, Hayley partage sa chambre d'hôtel avec Margot Page qui, elle, a 30 ans. Puisque Margot est enseignante, elle aide Hayley à faire ses devoirs de maths quand elles retournent à leur chambre. Hayley apprend beaucoup, sur la glace comme à l'extérieur de la patinoire. Elle participe à trois des cinq rencontres de l'équipe et, grâce à une passe, inscrit son premier point dans un match de calibre mondial. Pour couronner le tout, elle décroche sa première médaille d'or internationale lorsque les Canadiennes, en finale, l'emportent sur les Américaines.

AU TOUR DE LA BALLE MOLLE

Chaque année, à la fin de la saison de hockey, Hayley range ses patins et sort son bâton de balle molle. Elle joue à ce sport depuis qu'elle est toute petite et, comme au hockey, elle est parmi les meilleures. Deux mois après avoir participé au Championnat du monde de hockey féminin, Hayley prend part au Championnat canadien de balle molle de niveau midget. Elle est nommée meilleure batteuse et arrêt-court du pays. L'année suivante, elle fait partie de l'équipe nationale junior de balle molle et défend les couleurs du Canada au Championnat du monde de 1995, en Illinois. Peu après, Hayley apprend qu'il y aura de la balle molle aux Jeux olympiques d'été de 1996, qui se tiendront à Atlanta, aux États-Unis. Elle doit réfléchir à tout ça. Son objectif ultime est de participer aux Jeux olympiques. Ira-t-elle en tant que joueuse de balle molle ou de hockey?

Hayley adore le hockey, mais elle espère aussi décrocher une bourse d'études afin de pouvoir jouer dans la National Collegiate Athletic Association, la NCAA, qui regroupe les joueuses et joueurs canadiens de niveau collégial. Elle passe donc d'un sport à l'autre. Pendant l'hiver, elle demande à ses coéquipières de hockey de lui lancer des balles roulantes, dans le hall d'entrée de l'aréna. L'été, elle participe à des camps de hockey quand son horaire de balle molle le lui permet. C'est extrêmement difficile d'être au sommet dans un sport, mais c'est encore plus laborieux de l'être dans deux disciplines. C'est pourtant ce que Hayley tente de faire.

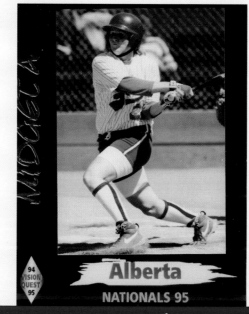

EN ROUTE VERS NAGANO

Les Jeux olympiques d'hiver de 1998, où il y aura pour la première fois du hockey féminin, approchent à grands pas. Hayley poursuit toujours le même rêve, celui de participer aux Jeux olympiques, et elle a décidé de miser sur le hockey. Elle est déterminée à faire partie d'Équipe Canada et arrive au camp d'entraînement au meilleur de sa forme. En jouant dans des équipes masculines, elle a appris à protéger la rondelle et à décocher de puissants tirs au but. Au sein des équipes féminines, elle a perfectionné son sens du jeu. Hayley se qualifie! Elle fera partie de la toute première équipe olympique canadienne de hockey féminin.

Comme dans toutes les autres disciplines olympiques, pour envoyer une équipe aux Jeux, chaque pays doit d'abord affronter les autres dans le cadre d'un tournoi. Ce sont les résultats au Championnat du monde de hockey féminin de la FIHG de 1997, à Kitchener, en Ontario, qui détermineront quelles équipes se qualifieront pour les Jeux. Quand Hayley pose un patin sur la glace, à Kitchener, la foule d'admirateurs se met à crier « Go, Canada, go! ». Le bruit est assourdissant. L'équipe n'a jamais joué devant une foule si bruyante et si turbulente. D'innombrables spectateurs ont enfilé un chandail rouge et blanc, et brandissent le drapeau du Canada. L'équipe canadienne ne les déçoit pas et remporte facilement les parties du tournoi à la ronde. Toutefois, le tout dernier match s'avère plus difficile : les Canadiennes se mesurent à leurs principales rivales, les Américaines.

Le 6 avril 1997, le Canada affronte les États-Unis et offre à plus de 6 000 partisans un match inoubliable ayant toutes les allures d'une partie de ping-pong : les deux équipes s'échangent tour à tour des buts. À la fin de la première période, Nancy Drolet inscrit le premier but du Canada. Au début de la deuxième, c'est l'équipe des États-Unis qui marque. Le Canada compte de nouveau… et les États-Unis font de même. À la fin de la deuxième période, lorsque les joueuses rentrent au vestiaire, le pointage est de 2 à 2. Hayley s'imprègne de l'énergie qui emplit l'aréna. À Kitchener, les amateurs de hockey sont vraiment passionnés! À la troisième période, le Canada prend encore une fois les devants, mais les États-Unis répliquent immédiatement pour rétablir l'égalité. Les deux équipes vont en période de prolongation! Les partisans hurlent à qui mieux mieux : « Go, Canada, go! »

Quinze longues minutes après le début de la prolongation, Nancy Drolet marque son troisième but pour le Canada. C'est un grand moment! Hayley lance ses gants dans les airs. La foule explose et tout le monde se fait des accolades. Le Canada vient de gagner la médaille d'or et de se qualifier pour les Jeux olympiques de 1998. Hayley va réaliser son rêve.

LES JEUX OLYMPIQUES D'HIVER DE 1998

Les Jeux olympiques ont lieu au mois de février suivant à Nagano, au Japon. Hayley monte à bord de l'avion en portant fièrement une tenue de sport rouge et blanc d'Équipe Canada. Le 8 février, les Canadiennes disputent leur premier match de hockey olympique; elles affrontent les Japonaises. Hayley obtient une mention d'aide sur les premier et cinquième buts, et c'est elle qui compte le neuvième but. Le Canada l'emporte 13 à 0. C'est un beau début! Les Canadiennes doivent ensuite affronter les Chinoises et gagnent 2 à 0. Hayley obtient une mention d'aide sur le premier but du match. Ensuite, le Canada bat la Suède 5 à 3, puis la Finlande 4 à 2. Les Canadiennes, invaincues jusqu'ici, passent à la dernière ronde.

HAYLEY EN PLEINE ACTION AUX JEUX OLYMPIQUES DE 1998.

Les Canadiennes vont maintenant affronter leurs éternelles rivales, les Américaines. Elles ne sont pas trop inquiètes puisqu'elles les ont déjà battues à Kitchener. Elles peuvent bien les vaincre à nouveau. Dès le départ, le jeu passe à la vitesse grand V, les hockeyeuses se pourchassant d'un bout à l'autre de la patinoire. Le Canada inscrit le premier but, mais l'avance ne dure pas longtemps : les États-Unis marquent presque tout de suite après. À la fin de la première période, c'est l'égalité 1 à 1. Les deux équipes obtiennent plusieurs occasions de marquer en deuxième période, mais les ratent toutes. De retour dans le vestiaire, les Canadiennes analysent le jeu. À la troisième période, elles connaissent un départ canon. Le Canada s'impose et compte trois buts sans réplique. La marque est de 4 à 1.

C'est alors que l'impensable se produit : les Américaines inscrivent six buts de suite et remportent le match 7 à 4. Après la partie, les Canadiennes commentent leur défaite. Elles n'ont pas de quoi être fières, mais ce n'est pas non plus la fin du monde. Le seul match qui importe vraiment est celui pour la médaille d'or, et les Canadiennes et les Américaines vont devoir s'affronter de nouveau pour la remporter. Hayley est convaincue que son équipe sera victorieuse. Elle sait aussi que tout le Canada va encourager l'équipe. Après tout, les Canadiens veulent la médaille d'or olympique, eux aussi.

QUELS SONT LES SURNOMS DE HAYLEY?

WICK, CHICKEN ET CHICKENHEISER!

UNE INVITATION

Le Canada n'a pas gagné la médaille d'or, mais Hayley a tout de même bien joué. Elle a compté deux buts et récolté deux mentions d'aide en seulement six parties. De plus en plus de gens commencent à remarquer son grand talent et sa force. Bobby Clarke, directeur général des Flyers de Philadelphie dans la LNH, l'invite même à participer au camp des recrues de son équipe, cet été-là. Cette fois, il s'assure qu'elle ait un vestiaire. Fini le temps où elle devait se changer dans des toilettes publiques ou dans un coin du hall d'entrée!

Bobby Clarke prend Hayley sous son aile et la présente aux autres joueurs. Tous les jours, les recrues participent à deux séances d'entraînement physique et à une séance sur la glace. À la fin de la journée, Hayley rentre à l'hôtel épuisée et s'effondre sur le lit. Le camp exige une ténacité extraordinaire, mais Hayley ne baisse pas les bras. Les Flyers sont si impressionnés par son talent, sa détermination et sa persévérance qu'ils l'invitent de nouveau au camp de 1999.

DU RÊVE À LA RÉALITÉ

Même si Hayley a participé aux Jeux olympiques et qu'elle s'est entraînée tout l'hiver pour s'améliorer au hockey, elle aime toujours jouer à la balle molle. Elle n'est pas prête à abandonner ce sport. Les Jeux olympiques d'été de 2000 à

Sydney, en Australie, approchent. Il reste un an à Hayley pour se préparer en vue du camp d'entraînement de balle molle. Elle redouble d'efforts pour exceller dans les deux sports… tout en étudiant à temps plein à l'Université Simon Fraser, en Colombie-Britannique. Son horaire est exténuant : entraînement de balle molle tous les matins de 6 h à 9 h suivi d'un cours de sciences. Puis, pour ne pas perdre la main, elle joue au hockey en soirée dans l'équipe masculine de l'Université de la Colombie-Britannique.

LES HABILETÉS ATHLÉTIQUES DE HAYLEY NE SE LIMITENT PAS AU HOCKEY. LA VOICI QUI S'ÉLANCE POUR ATTRAPER LA BALLE LORS D'UN ENTRAÎNEMENT D'ÉQUIPE CANADA, À BRAMPTON, EN ONTARIO, LE 20 JUIN 2000.

Après avoir remporté l'or au Championnat du monde de hockey féminin de la FIHG en 2000, Hayley se présente au camp de sélection de l'équipe féminine de balle molle du Canada. Elle s'est beaucoup entraînée, passant d'un sport à l'autre. Hayley est choisie pour faire partie de l'équipe. Au tout dernier tour, c'est vrai, mais elle est sélectionnée! Elle est si fière! Elle a travaillé fort pour y arriver. Évidemment, puisqu'elle a été recrutée la dernière, elle ne sera peut-être pas de la formation de départ. Elle l'aurait bien voulu, pourtant… Alors, pendant l'été, elle s'entraîne sans relâche. Ainsi, quand les Jeux olympiques de Sydney s'ouvrent, en septembre, elle fait partie de la formation de départ, jouant en alternance au troisième but et au champ gauche.

Le Canada ne gagne qu'une seule partie (battant l'Italie 7 à 1) sur les sept matchs disputés pendant les Jeux olympiques. Mais les Canadiennes sont solides. Les matchs contre le Japon et la Nouvelle-Zélande exigent tous les deux une manche supplémentaire. À l'exception d'une partie, le Canada perd toujours par un seul point. Hayley, qui a la meilleure moyenne au bâton de toute l'équipe du Canada, a de quoi être fière. Elle est la deuxième Canadienne à avoir participé à la fois aux Jeux olympiques d'été et d'hiver, et la première femme à l'avoir fait dans des sports d'équipe. Encore aujourd'hui, Hayley estime qu'une de ses plus grandes réalisations sportives est d'avoir été sélectionnée dans l'équipe de balle molle et d'avoir fait partie de la formation de départ aux Jeux olympiques.

DES VICTOIRES HISTORIQUES

près les Jeux olympiques d'été de 2000, la vie de Hayley change radicalement. Elle a 22 ans et a déjà réalisé son rêve de faire partie d'une équipe de balle molle aux Jeux olympiques. Ses expériences dans le hockey féminin l'ont beaucoup marquée : elle est plus responsable que jamais. Elle a aussi un nouveau copain, qui est le père d'un petit garçon nommé Noah. Hayley comprend qu'elle doit simplifier sa vie. Participer à des compétitions sportives dans deux disciplines au niveau olympique tout en prenant soin d'un bébé, c'est un peu trop. Un sport, c'est bien assez. Hayley choisit donc le hockey. Les Jeux olympiques d'hiver de 2002, qui doivent se dérouler à Salt Lake City, aux États-Unis, ne sont pas bien loin. Elle doit s'entraîner.

HAYLEY N'HÉSITE PAS À FAIRE UN TOUR SUR LA GLACE AVEC NOAH QUAND SON ÉQUIPE CÉLÈBRE UNE VICTOIRE.

UNE MAUVAISE PASSE

Hayley est recrutée par l'équipe de hockey féminin du Canada en 2001. Le Championnat du monde doit se tenir en avril à Minneapolis, au Minnesota. Mais, juste avant le début du tournoi, Hayley se blesse au ligament collatéral interne du genou. Impossible pour elle de jouer! L'équipe canadienne s'en tire quand même bien, remportant son septième Championnat du monde consécutif.

Hayley sera-t-elle rétablie à temps pour participer aux Jeux olympiques? Elle suit à la lettre un rigoureux programme de physiothérapie, et sa persévérance et sa patience portent leurs fruits. Elle est sur pied à temps pour prendre part à un rude programme d'entraînement mis au point par l'entraîneuse canadienne Danièle Sauvageau. Cette dernière emmène toute l'équipe sur une base des Forces armées canadiennes, et les joueuses doivent traverser le parcours d'obstacles des soldats, y compris les murs de ciment. L'équipe doit être en pleine forme et prête pour les Jeux. L'entraînement ne s'arrête pas là : l'équipe du Canada va affronter celle des États-Unis dans le cadre d'un tournoi préparatoire de huit parties.

QUI EST LE SUPERHÉROS FAVORI DE HAYLEY?

WONDER WOMAN!

PETIT DÉRAPAGE

Ces huit parties sont présentées comme un tournoi préolympique. Le 20 octobre 2001, à Salt Lake City, les Canadiennes sautent sur la glace pleines de confiance. Cassie Campbell, joueuse d'expérience, est la capitaine de l'équipe. Vicky Sunohara et Hayley sont les capitaines adjointes. Elles ont la certitude que l'équipe est prête, et pourtant, le Canada perd son premier match 4 à 1. Puisque la saison préolympique commence à peine, elles ne s'en font pas trop.

Elles se rendent en avion jusqu'à San Jose pour disputer la deuxième partie, le 23 octobre. Elles rêvent déjà de créer l'égalité, mais à la fin de la troisième période, elles rentrent au vestiaire la tête basse : elles ont encore perdu 4 à 1. Puis la malchance s'acharne sur elles. L'équipe de Hayley perd les cinq matchs suivants contre les États-Unis. Sept défaites en tout! Que se passe-t-il?

Enfin, le 8 janvier, arrive le dernier match du tournoi préolympique. Le Canada accueille les Américaines à l'aréna General Motors Place, à Vancouver. La foule va-t-elle assister à une autre défaite crève-cœur?

À la fin de la partie, quand la sirène se fait entendre, les Canadiennes rentrent au vestiaire les yeux rivés au sol. Elles ont perdu contre les États-Unis par un but, 3 à 2. Elles ferment la porte et s'assoient, silencieuses. La sueur coule sur le visage de Hayley, qui bout de colère. Comment se fait-il qu'elles aient perdu autant de parties? Il faut faire quelque chose!

Enfin, une voix s'élève : « On a quand même bien joué. »

Hayley ne peut contenir sa colère plus longtemps. Elle se lève et crie : « On a perdu huit matchs de suite! On n'a pas bien joué! »

Tout à coup, quelques joueuses se mettent à hurler. Certaines pleurent, d'autres sont incapables d'ouvrir la bouche. Les capitaines de l'équipe, Cassie Campbell et Vicky Sunohara, rétablissent le calme dans le vestiaire. Il est temps pour les membres de l'équipe de parler sans détour… Quand l'équipe sort du vestiaire, des heures plus tard, les choses ont déjà changé. Les joueuses ont décidé de travailler davantage en équipe, autant sur la glace qu'à l'extérieur de la patinoire. Elles joueront au soccer ensemble avant chaque partie. Elles prendront leurs repas ensemble. Elles s'encourageront à l'aide de cris de ralliement. Elles n'écouteront plus les critiques des partisans. Elles feront la sourde oreille aux médias et à ceux qui ne croient pas en elles. Elles n'abandonneront pas. Rien ne les empêchera de remporter l'or.

NE JAMAIS ABANDONNER

CHEZ LES PROS

Avec les résultats spectaculaires d'Équipe Canada à Salt Lake City, Hayley a réalisé son rêve de remporter une médaille d'or olympique. Que va-t-elle faire maintenant?

Elle veut relever d'autres défis. Plusieurs experts du hockey croient qu'elle devrait tenter sa chance dans une équipe masculine de hockey professionnel à l'étranger. Le jeu des ligues européennes est différent, moins physique. Hayley aurait de bonnes chances d'intégrer une équipe masculine en Europe. L'idée lui plaît. Elle commence donc à faire jouer ses relations et finit par signer un contrat avec les Eagles de Merano, de la ligue élite A de l'Italie. C'est le plus haut niveau au pays. Mais lorsque Hayley va chercher ses documents de voyage, elle apprend que la Fédération italienne de hockey sur glace vient tout juste d'adopter un nouveau règlement interdisant aux femmes de jouer dans la ligue A.

Hayley s'est déjà fait fermer des portes au nez, et ce n'est pas ça qui va l'arrêter. Elle va persévérer et trouver la bonne équipe. Elle refuse une offre des Cyclones de Cincinnati, une équipe de la ligue américaine de la côte Est, et opte pour un stage d'essai de 30 jours en Finlande avec le club Salamat, de la deuxième ligue en importance au pays. L'équipe joue près de Kirkkonummi, une petite ville située à l'ouest d'Helsinki. L'entraîneur est Matti Hagman, un ancien joueur des Oilers d'Edmonton. Le jour où Hayley arrive, Hagman la prend à part pour lui rappeler qu'elle n'est plus en Amérique du Nord et que personne ne va la protéger sur la glace. Hayley comprend parfaitement le message : elle n'aura droit à aucun traitement de faveur.

Pendant le stage d'essai, le défenseur le plus imposant de l'équipe suit Hayley comme son ombre. Il est littéralement sur ses talons à chaque entraînement. Hayley fait ce qu'elle peut pour l'éviter et continuer de jouer. Elle doit prouver qu'elle est assez bonne pour évoluer dans cette ligue, et elle y arrive! Le club Salamat lui offre un contrat. Un peu plus tard, le défenseur vient lui présenter ses excuses. C'est l'entraîneur, Hagman, qui lui avait demandé de la talonner pour la préparer à jouer contre les hockeyeurs les plus gros et les plus forts de la ligue.

À ce moment-là, presque tout le monde en Finlande sait qu'une fille joue dans la ligue professionnelle de hockey. C'est un phénomène : les médias et les amateurs de sport sont présents à chacune de ses parties. Les arénas n'ont jamais été aussi pleins. Hayley ne déçoit pas : dès le premier match, elle reçoit une mention d'aide. Hayley compte son premier but pour le club Salamat le 1er février 2003 et joue 33 parties avec cette équipe.

Elle est la première femme à marquer un but dans une ligue professionnelle de hockey masculin. À sa première saison avec le Salamat, elle inscrit 11 points en 12 parties et, pendant les séries éliminatoires, 7 points en 11 parties. Le club gagne le championnat, cette année-là, et passe à une division de niveau supérieur.

HAYLEY ET SES COÉQUIPIERS DU SALAMAT VIENNENT DE COMPTER UN BUT.

Hayley retourne en Finlande pour jouer avec le Salamat en 2003-2004, mais après 10 matchs, elle est de retour chez elle. Elle s'ennuie de sa famille, de ses amis, et surtout, de ses coéquipières canadiennes. Et maintenant, elle n'est plus seulement une joueuse de hockey. Elle est aussi une maman, et elle veut que Noah grandisse près de ses grands-parents et de toute sa famille. Elle retourne donc à Calgary et signe un contrat avec l'équipe féminine Oval X-Treme.

Aujourd'hui encore, Hayley est très fière d'avoir joué dans une ligue professionnelle. Elle a ainsi aidé les joueuses de hockey à se faire respecter, au Canada et partout dans le monde.

LA MEILLEURE AU MONDE

À son retour au Canada, en 2003, Hayley est une joueuse d'expérience pleine de talent, mais elle cherche toujours à s'améliorer. Ça tombe bien, parce qu'une autre équipe va bientôt être formée pour les prochains Jeux olympiques. Les Jeux d'hiver de 2006, qui auront lieu à Turin, en Italie, seront les quatrièmes Jeux olympiques de Hayley. Elle aura participé à trois reprises aux Jeux d'hiver, au hockey, et une fois aux Jeux d'été, à la balle molle. Hayley est de nouveau nommée capitaine adjointe d'Équipe Canada et elle est impatiente de commencer à jouer.

Le tournoi à la ronde des Jeux olympiques de 2006 est un vrai rêve pour les Canadiennes. Elles gagnent toutes leurs parties, comptent 36 buts et n'en accordent qu'un seul. Hayley inscrit cinq points contre l'Italie, avec un tour du chapeau et deux mentions d'aide. Le Canada écrase son adversaire et l'emporte 16 à 0. Les Canadiennes passent en demi-finale et gagnent 6 à 0 contre la Finlande. Hayley marque un but et obtient deux mentions d'aide. En raison d'une contre-performance inattendue, l'équipe des États-Unis perd en demi-finale contre la Suède. C'est donc aux Suédoises que les Canadiennes disputeront la médaille d'or.

Après 3 minutes 15 secondes de jeu au début de la finale, Gillian Apps ouvre la marque grâce à une passe de Hayley. À la fin de la première période, le Canada mène 2 à 0. En deuxième période, les Suédoises mettent le paquet. Mais Hayley, en véritable experte, fait passer la rondelle sous leur nez et sert une passe parfaite à Cherie Piper, qui envoie le disque au fond du filet. Le Canada a une solide avance et la défend bien. Les Canadiennes l'emportent 4 à 1 et gagnent la médaille d'or. Après le match, Hayley dit aux journalistes : « Oui, on a compté plus de buts et ça semblait peut-être facile… mais c'est beaucoup plus difficile de défendre sa médaille d'or que d'en gagner une. »

Ces Jeux olympiques sont extraordinaires pour Hayley. Non seulement est-elle la meilleure compteuse du tournoi, mais elle est aussi nommée joueuse la plus utile et meilleure attaquante de la FIHG, en plus d'être repêchée pour faire partie de l'équipe étoile. En seulement 5 matchs, elle a accumulé un total incroyable de 17 points, soit 5 buts et 12 mentions d'aide. Hayley est au septième ciel.

HAYLEY EST NÉE LE 12 AOÛT 1978...

ET SA COULEUR PRÉFÉRÉE EST LE BLEU!

DEUXIÈME PÉRIODE DE LA DEMI-FINALE DE HOCKEY FÉMININ OLYMPIQUE CONTRE LA FINLANDE, 17 FÉVRIER 2006, À TURIN, EN ITALIE : HAYLEY MAÎTRISE LA RONDELLE.

LA PRESSION EST UN PRIVILÈGE!

Après sa victoire aux Jeux olympiques de 2006, Hayley est plus occupée que jamais. Noah ne va pas encore à l'école et, en plus de s'occuper de lui, Hayley suit des cours à l'université et s'entraîne pour demeurer une athlète de haut niveau.

Hayley décide de jouer à nouveau au hockey professionnel pendant la saison 2008-2009. Elle emmène Noah en Suède, où elle évolue avec le Linden HC, une équipe masculine de la ligue suédoise, dans la division 1. Elle joue presque toute la saison, mais décide de revenir chez elle avant la fin. Les choses se précipitent : les Jeux olympiques de 2010 approchent à grands pas et la pression est énorme. Le monde entier aura les yeux rivés sur le Canada, qui est le pays hôte. L'équipe canadienne de hockey féminin a pour devise : « La pression est un privilège! ». Hayley et ses coéquipières savent qu'elles auront fort à faire pour défendre leur médaille d'or. Les médias canadiens ne parlent que de médailles. Une campagne est lancée à l'échelle nationale : le Canada doit en remporter le plus possible! Tous les Canadiens misent sur une médaille d'or pour l'équipe féminine de hockey, rien de moins. Sauront-elles défendre leur titre une fois de plus?

Pendant les Jeux olympiques de Vancouver, la pression est plus forte que jamais sur Hayley, qui est maintenant capitaine! Elle a dirigé l'équipe canadienne des moins de 22 ans, en 1998, et est capitaine adjointe de l'équipe nationale féminine depuis 2001. Mais cette fois-ci, c'est différent. Elle est à la tête de l'équipe olympique, et les Jeux se déroulent chez elle. Hayley sait qu'elle sera à la hauteur. Quand elles ne sont pas sur la glace, les joueuses essaient de se détendre et anticipent le plaisir qu'elles auront à accueillir leurs parents et amis, qui viendront les voir jouer et les encourager.

Le tournoi se déroule du 13 au 25 février. Les choses commencent bien pour le Canada, qui gagne les trois matchs du tournoi à la ronde devant des foules compactes. Pendant le match contre la Suède, le 17 février, Hayley marque son second but du tournoi et établit le record pour le nombre de buts comptés par une femme aux Jeux olympiques; un record qu'elle détient toujours!

Le Canada doit affronter la Finlande en demi-finale. Hayley sait que les Finlandaises sont déterminées à gagner, et elle confie aux médias que les Canadiennes les prennent très au sérieux. Le Canada remporte la victoire 5 à 0 devant 16 324 partisans. Jamais une foule aussi nombreuse n'était venue applaudir une équipe. Les admirateurs canadiens ont rempli les gradins de l'aréna Canada Hockey Place pour encourager leur équipe.

Le 25 février, la tension est à son comble quand s'amorce la finale qui oppose les Canadiennes à leurs grandes rivales, les Américaines. L'aréna est plein à craquer, les acclamations sont assourdissantes et les attentes sont élevées. Avant d'entrer sur la glace, menant son équipe, Hayley rappelle à ses coéquipières que la pression est un privilège. Après deux défaites consécutives aux Jeux olympiques, l'équipe des États-Unis est affamée de victoire.

En première période, les Canadiennes sentent la pression. Heureusement, la gardienne de but Shannon Szabados fait des arrêts magnifiques grâce à son impressionnant style papillon et à son extraordinaire jeu de gant. Hayley et son équipe ont trouvé leur rythme. La jeune recrue Marie-

Philip Poulin marque deux buts. À la fin de la première période, c'est 2 à 0 pour le Canada. La lutte est féroce et les Canadiennes écopent de six pénalités pendant les deux premières périodes. Mais Hayley en a vu d'autres et elle sait comment s'y prendre en désavantage numérique. Elle dégage facilement la rondelle lorsque les Américaines attaquent, les empêchant de compter. En trois périodes, les États-Unis n'inscrivent aucun but, et le Canada remporte la médaille d'or! Le drapeau du Canada sur les épaules, la capitaine fait plusieurs fois le tour de la patinoire pour saluer la foule. Quel beau tournoi Hayley a vécu! Elle a obtenu 11 points en 5 parties : 2 buts et 9 mentions d'aide.

EST-CE QUE HAYLEY A UN TALENT SECRET?

ELLE SAIT JONGLER!

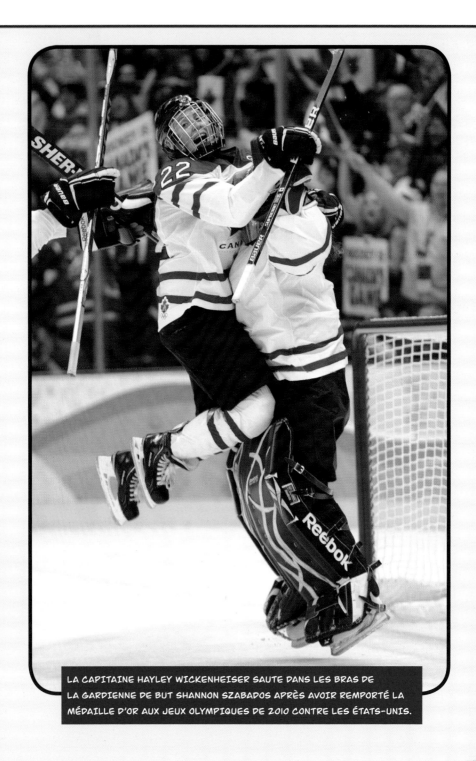

LA CAPITAINE HAYLEY WICKENHEISER SAUTE DANS LES BRAS DE LA GARDIENNE DE BUT SHANNON SZABADOS APRÈS AVOIR REMPORTÉ LA MÉDAILLE D'OR AUX JEUX OLYMPIQUES DE 2010 CONTRE LES ÉTATS-UNIS.

PASSER À AUTRE CHOSE?

HAYLEY TRAVAILLE AVEC DES ÉLÈVES D'UNE ÉCOLE DU GHANA, EN AFRIQUE, EN 2011.

Après avoir gagné la médaille d'or olympique en 2010, Hayley devient pratiquement une légende vivante. Mais avant même d'être connue partout au Canada, elle avait pris l'habitude de mettre à profit ses relations et de donner de son temps pour partager son amour du sport avec les Canadiens et les gens aux quatre coins du monde. Depuis 2000, elle est l'ambassadrice d'un organisme international appelé aujourd'hui Right To Play, qui mise sur l'attrait du sport et du jeu pour soutenir les enfants qui vivent des situations difficiles. Le 30 juin 2011, alors qu'elle se trouve au Ghana en train d'aider de jeunes Ghanéens,

Hayley reçoit un appel du Canada. Elle vient d'être nommée officière de l'Ordre du Canada par le gouverneur général, David Johnston. Elle envoie tout de suite un communiqué de presse, dans lequel elle mentionne : « Je tiens à vous remercier, tous et toutes, pour votre soutien. C'est un grand honneur pour moi de recevoir l'Ordre du Canada. Je remercie les organismes comme Right To Play qui m'ont permis de collaborer avec eux. »

LES RÉCOMPENSES SE MULTIPLIENT

La ville de Shaunavon, en Saskatchewan, est fière de sa légende du hockey. En 2011, un centre récréatif de plusieurs millions de dollars, baptisé le Crescent Point Wickenheiser Centre, y ouvre ses portes. C'est un pas de géant pour le hockey féminin et un honneur qui laisse Hayley presque sans voix. La fin de semaine de l'ouverture du centre, un grand festival est organisé. La mairesse de Shaunavon, Sharon Dickie, s'adresse à la foule : « Hayley, bienvenue à la maison. Je te félicite d'avoir reçu l'Ordre du Canada. C'est la plus haute récompense qu'un Canadien peut recevoir. Nous avons décidé de te rendre immortelle, ici, dans notre collectivité. C'est avec fierté que nous avons donné ton nom au centre et au musée qu'il abrite. Je veux te remercier pour tout ce que tu as accompli. Tu es un modèle et une grande Canadienne. »

Hayley se lève ensuite pour prendre la parole. « Il devrait y avoir des arénas dans toutes les villes du Canada », dit-elle. Puis elle s'adresse aux enfants et leur parle avec son cœur : « Vous avez de la chance de pouvoir profiter d'une patinoire toute neuve. Quand j'avais votre âge, je n'aurais jamais pensé qu'un jour, je verrais mon nom sur la façade d'un aréna. C'est vraiment incroyable d'être une joueuse de hockey au Canada. » Durant cette fin de semaine, Hayley célèbre dans la joie avec sa famille et ses amis.

ENCORE LES JEUX OLYMPIQUES?

En juin 2013, Hayley obtient finalement son baccalauréat en kinésiologie de l'Université de Calgary. Il faut en général quatre ans pour terminer un baccalauréat, mais il lui en a fallu beaucoup plus en raison de sa carrière de hockeyeuse. Mais Hayley avait décidé qu'elle obtiendrait un baccalauréat, et elle l'a eu.

Maintenant, elle peut se consacrer à sa prochaine aventure : faire partie une fois de plus de l'équipe olympique canadienne. Les Jeux de 2014 se tiendront à Sotchi, en Russie, et Hayley aura 35 ans à ce moment-là. Elle n'a jamais cessé de s'entraîner, alors elle se sent encore assez en forme pour y participer. Elle est forte et se sent prête. Mais certains se demandent si elle n'est pas un peu trop vieille. Tiendra-t-elle le coup? Hayley doit encore une fois faire ses preuves.

HAYLEY (AU CENTRE) AVEC SON ÉQUIPE MÉDAILLÉE D'OR, EN 2014.

LE WICKFEST

Les Jeux olympiques de 2014 seront les derniers de Hayley. Elle a prouvé au monde entier qu'elle était toujours l'une des meilleures hockeyeuses. Elle a participé à neuf Championnats du monde de hockey féminin, jouant 41 parties et récoltant 68 points. Elle a pris part aux Jeux olympiques d'hiver à cinq reprises en tant que hockeyeuse, où elle a joué 26 parties, obtenu 51 points, et décroché 4 médailles d'or et 1 médaille d'argent. Elle a aussi participé une fois aux Jeux olympiques d'été dans la formation de départ de l'équipe canadienne de balle molle. Hayley a atteint tous ses objectifs sur la scène internationale et il est temps pour elle de prendre sa retraite. Mais elle n'a pas l'intention d'arrêter le hockey, loin de là.

Hayley se souvient à quel point il a été difficile pour elle, lorsqu'elle était petite, de s'améliorer au hockey. Elle n'a jamais oublié toutes les fois où on l'a empêchée de jouer. Alors, en 2009, elle lance un camp de hockey pour filles, le Festival de hockey féminin international Wickenheiser de Canadian Tire, mieux connu sous le nom de WickFest. Maintenant à la « retraite », Hayley a davantage de temps à consacrer à ce projet, et le WickFest prend de l'expansion. Des filles de partout au Canada et d'ailleurs dans le monde viennent améliorer leur coup de patin, apprendre à faire des passes, à tirer au but, à marquer, à se concentrer et à améliorer leur jeu. Des joueuses bien connues comme Danielle Goyette, Natalie Spooner, Meghan Agosta et Shannon Szabados collaborent en animant des camps de développement. L'entraîneur Wally Kozak, un ami de longue date de Hayley, occupe un poste clé. Il enseigne aux jeunes joueuses ce qu'il a inculqué à Hayley lorsqu'elle faisait partie de l'équipe olympique.

Hayley continue de soutenir les organismes Right To Play, Bon départ et SportJeunesse, qui aident financièrement les jeunes qui souhaitent pratiquer un sport. Hayley est très respectée, non seulement dans le monde du hockey, mais aussi pour son travail humanitaire.

En janvier 2018, Hayley se rend à Leh, un village éloigné de l'Himalaya et le siège du hockey en Inde. Sur une patinoire extérieure, entourée de montagnes, elle transmet ses connaissances aux jeunes femmes. Elle croit que cette expérience leur a non seulement permis d'apprendre à jouer au hockey, mais qu'elle leur a aussi donné confiance en elles-mêmes.

Mais, au-delà de tout ce qu'elle a accompli, c'est quand elle voit une jeune fille entrer dans l'aréna de son quartier, sac à l'épaule et bâton à la main, le visage illuminé d'un large sourire, que Hayley est le plus fière.

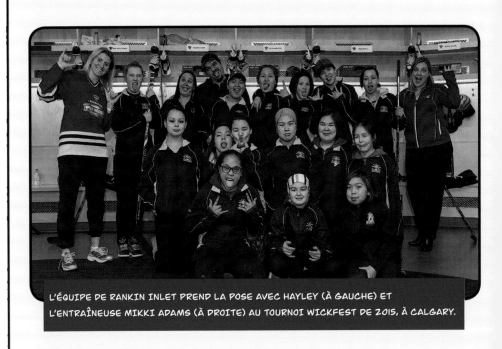

L'ÉQUIPE DE RANKIN INLET PREND LA POSE AVEC HAYLEY (À GAUCHE) ET L'ENTRAÎNEUSE MIKKI ADAMS (À DROITE) AU TOURNOI WICKFEST DE 2015, À CALGARY.